Annette Neubauer
Illustrationen von Jann Wienekamp

Der Pirat aus der Flasche

oder Wann man sich wehrt und wann lieber nicht

albarello

Früh am Morgen
geht Niko aus dem Haus.
Er hat ein Grummeln
im Bauch.
Dabei ist er früher so gerne
zur Schule gegangen.
„Ob Hannes heute
auch wieder
auf den Bus
wartet?“,
fragt sich Niko.

Er seufzt, setzt sich
auf eine Bank und blickt
suchend nach allen Seiten.
Noch ist die Haltestelle
ganz leer.
„Hol mich raus!“,
hört Niko auf einmal.
Er dreht sich um.
Niemand ist in der Nähe.

„Hier!“, tönt es weiter.
„Schau nach unten!“
Niko bückt sich und schaut
unter die Bank.
Dort rollt eine alte,
braune Flasche hin und her.
Plötzlich landet sie
zwischen seinen Füßen.
Neugierig hebt Niko sie auf.
Das Glas ist trüb und schmutzig
und dort, wo früher einmal
ein Aufkleber war,
klebt jetzt eine tote Fliege.

„Los! Zieh den Pfropfen raus!“,
drängelt die Stimme weiter.
„Ist da etwa jemand drin?“,
fragt Niko verwundert und
schüttelt die Flasche hin und her.
„Aua! Pass doch auf!“,
klingt es empört zurück.
Niko dreht den Korken
nach rechts und nach links.
Endlich – plopp! –
ist die Flasche offen.
Blauer Nebel steigt aus der Öffnung.
Er wird dichter und dichter.

Dann schwebt ein Pirat
vor Nikos Nase.
„Ah, das tut gut!“
Der Geist dehnt und streckt sich.
„Endlich bin ich frei!“
„Du warst da drin eingesperrt?“,
fragt Niko verwundert.

„666 Jahre habe ich
in der Flasche verbracht.
Das war meine Strafe,
weil ich mich
so oft geprügelt habe.“

Der Pirat zieht
seinen schwarzen Hut.
„Gestatten: Hauke Haken,
der schlimmste aller Piraten!“

Ungläubig hebt Niko den Kopf
und blickt nach oben.
Der Flaschengeist fliegt jetzt
direkt über ihm.
„Aber warum sitzt du hier
so allein herum?“,
fragt der Pirat gespannt.
„Ich warte auf den Bus“,
erklärt Niko.

Hauke Haken reibt sich
nachdenklich
über die Bartstoppeln.
„Als ich in der Flasche
eingeschlossen wurde,
habe ich so lange gejammert,
bis man mir
eine kleine Gnade gewährte.
Wenn mich ein Junge
aus der Flasche befreit
und ich ihm drei Mal helfe,
bin ich erlöst
und muss nie mehr
in die Flasche zurück."

„Du willst mir helfen?“, fragt Niko und rutscht unruhig auf der Bank hin und her. „Wie denn?“

„Das weiß ich noch nicht“, antwortet Hauke Haken. „Aber ich verrate dir ein Geheimnis: Solange ich dir diene, bin ich für alle anderen unsichtbar!“

In dem Moment
kommt Hannes um die Ecke.
Mit der Flasche in der Hand
springt Niko von der Bank
und läuft
aus dem Wartehäuschen.

„Du fürchtest dich doch nicht etwa vor dem da?“, fragt der Pirat und zeigt mit dem Säbel auf Hannes, der sich jetzt breitbeinig auf die Bank fallen lässt.

„Hannes lässt mich
nicht in Ruhe“, flüstert Niko
ängstlich. „Wenn ich
in den Bus steigen will,
schubst er mich weg
und drängelt sich vor.
Auf dem Schulhof streckt er mir
vor allen Kindern die Zunge raus.“
„Und das lässt du dir gefallen?“,
fragt Hauke Haken erstaunt.

„Was soll ich denn tun?“
Niko zieht hilflos
die Schultern hoch.
„Sag ihm einfach,
dass er dich
in Ruhe lassen soll“,
erklärt Hauke Haken
und stemmt die Hände
in die Hüften.

„Ach, Hannes wird mich
trotzdem weiterärgern“,
entgegnet Niko hoffnungslos.
„Du musst es ihm
richtig sagen!“,
erklärt Hauke Haken.

„Richtig?“, wiederholt Niko.
Hauke Haken streckt sich
und ruft langsam und
Furcht einflößend:
„LASS MICH IN RUHE!“
Erschrocken weicht Niko zurück
und prallt mit dem Rücken
gegen das Schild mit den
Abfahrtszeiten.
„Das trau ich mich nicht!“
„Was soll dir hier schon
passieren?“, sagt Hauke Haken.

An der Haltestelle
stehen jetzt viele Menschen,
die zur Arbeit fahren wollen.
„Meinst du, Hannes gibt dir
vor allen Leuten
einen auf die Nase?“
Niko überlegt.
Dann schüttelt er den Kopf.

Da kommt der Bus
um die Ecke
und hält mit
quietschenden Reifen.
„Los jetzt!“, raunt Hauke Haken
und verschwindet blitzschnell
in seiner Flasche,
die Niko
in seine Jackentasche stopft.

Entschlossen geht er zur Bustür.
Sofort steht Hannes neben ihm
und stupst ihn in die Rippen.
„Platz da!“, sagt er und lacht.
„Ich war zuerst da!“

Aber Niko rührt sich nicht
von der Stelle.
„LASS MICH IN RUHE!“, sagt er
laut und deutlich.
Erschrocken springt Hannes
zur Seite.
Ohne sich umzusehen,
steigt Niko in den Bus.
„Das wäre geschafft!“,
denkt Niko
und fährt stolz zur Schule.

In der Pause
hüpft Niko gut gelaunt
die Treppenstufen hinunter.
Er stellt sich
hinter die alte Eiche,
die am Rande
des Schulhofes steht.

Dann zieht er die Flasche
aus seiner Jackentasche.
Ob Hauke Haken
wieder erscheint?

„Ahoi!“
Eine blaue Wolke taucht auf.
Kurz darauf schwebt
Hauke Haken vor Niko
auf und ab.
„Ah! Ich glaube, hier gibt es
viel zu tun.“
Der Pirat lässt seinen Blick
über die spielenden Kinder
schweifen. „Siehst du
den Jungen und das Mädchen
rechts von uns?“

Niko blinzelt hinter
dem Baum hervor.
„Klar! Das sind Fabian
und Alina", erklärt er.
„Los, her mit deinen Süßigkeiten!",
zischt Fabian gerade
und tritt ganz nah auf Alina zu.
Ängstlich weicht das Mädchen
nach hinten zurück.
Dann gibt sie Fabian
zwei Lutscher.
Mit einer raschen Bewegung
reißt Fabian sie Alina
aus der Hand.

„Wie gemein und feige
von Fabian“, sagt Niko.
„Das Mädchen ist doch
viel kleiner.“
„Dann hilf ihr“, entgegnet
Hauke Haken, der inzwischen
auf einem Ast der Eiche sitzt
und von dort alles beobachtet.
„Nur Mut! Wer Jüngere bedroht,
hat ohnehin keinen Mumm.“

Niko läuft auf Alina zu
und stellt sich schützend vor sie.
„LASS ALINA IN RUHE!“,
ruft er Fabian mit lauter Stimme zu.
Fabian schaut Niko erstaunt an.
Hoffentlich ist kein Lehrer
in der Nähe!
„Und gib ihr die Süßigkeiten
zurück!“, fährt Niko fort.
Fassungslos lässt Fabian
die Lutscher fallen.
Dann läuft er,
so schnell er kann, davon.

Alina hebt die Lutscher auf.
„Danke!“, sagt sie zu Niko
und reicht ihm einen.
„Das war mutig von dir!“
„Was hätte mir hier
schon passieren können?“,
sagt er.
Aber er ist schon
ein bisschen stolz auf sich.

Nach der Schule
geht Niko zum Spielplatz.
Er kann es kaum erwarten,
Hauke Haken wiederzusehen.
Flink klettert er
auf ein Holzgerüst.

Oben angekommen
zieht er die Flasche
aus seiner Jackentasche
und öffnet sie.
Sofort erscheint
eine blaue Wolke,
die sich verdichtet.

„Ah! Wir sind
auf einem Spielplatz!“,
ruft Hauke Haken erfreut.
„Aber weshalb sind wir alleine?
Wo sind die anderen Kinder?“
„Die essen noch zu Mittag
oder machen Hausaufgaben“,
meint Niko und baumelt
mit den Beinen.

Kaum hat sich Hauke Haken neben ihn gesetzt, schlendern zwei ältere Jungen auf sie zu. Beide haben die Hände tief in die Hosentaschen gebohrt. „Oh, die sehen aber grimmig aus“, ruft Hauke Haken und verschwindet sofort in seiner Flasche.

„Eh, Kleiner!“, ruft einer der
Jungen und schiebt
seine Mütze tief ins Gesicht.
„Das ist unser Klettergerüst.
Komm sofort runter!“
Niko schluckt.
Was soll er jetzt tun?
„Wenn du nicht freiwillig
Platz machst, kommen wir rauf
und helfen dir“, sagt jetzt
der andere Junge
und lacht gemein.
Nikos Knie fangen an
zu zittern.

Sein Herz rast
und in seinen Ohren
dröhnt es.
Schnell klettert er
vom Gerüst
und läuft
an den Schaukeln vorbei
zur Straße.
Er will sich
nur noch
in seinem Zimmer
verkriechen.

Zu Hause wirft Niko
seine Jacke
auf einen Stuhl,
legt sich rücklings
auf sein Bett
und verschränkt die Arme
über dem Gesicht.

„Hallo“, hört er plötzlich eine gedämpfte Stimme. „Was ist denn los?“
Hauke Haken!
Den hatte Niko ja ganz vergessen.
Er springt auf, nimmt die Flasche aus seiner Jacke und öffnet sie.
Kurz darauf schwebt der Pirat in Nikos Zimmer.

„Eben auf dem Spielplatz
hatte ich schreckliche Angst“,
beginnt Niko und lässt sich
auf ein Kissen fallen,
das auf dem Boden liegt.
„Deswegen habe ich mich
nicht gewehrt.“
„Ab und zu ist Weglaufen
genau das Richtige“, antwortet
Hauke Haken und dreht
an seinem silbernen Ohrring.

Niko blickt ihn verblüfft an.
„Aber ist das denn nicht feige?“
„Ganz und gar nicht!“,
erklärt der Pirat
und schwebt auf Niko zu.
„Hättest du dich
auf einem leeren Spielplatz
mit zwei älteren Jungen
prügeln sollen?“

„Nein“, meint Niko,
zieht die Beine an
und stützt den Kopf
auf die Knie. „Das wäre
nicht schlau gewesen.“
„Siehst du“, sagt Hauke Haken
und rückt seinen Säbel zurecht.
„Überlege lieber,
was du machen wirst,
damit dir dasselbe
nicht noch einmal passiert.“

Niko denkt eine Weile nach.
„Ich kann meinen Eltern erzählen,
was auf dem Spielplatz
geschehen ist."
„Sehr gut!"
Hauke Haken sticht
mit dem Säbel in die Luft.
„Deine Eltern wissen bestimmt,
wie den beiden Halunken
das Handwerk gelegt
werden kann."

„Ich muss mich also
nicht immer wehren?“,
fragt Niko nachdenklich.
„Manchmal ist es gut,
sich zu wehren“, meint Hauke Haken
und setzt sich neben Niko
auf den Boden. „Aber manchmal
ist es klug, einfach so schnell
wie möglich abzuhauen.“

„Ich glaube, ich verstehe dich“, sagt Niko und blickt in die kleinen schwarzen Augen des Piraten.

„Du hast mir sehr geholfen.“

„Dann bin ich jetzt frei!“, jubelt Hauke Haken. „Juchhu! Ich kann wieder zur See fahren, Schiffe kapern und Schätze suchen.“

„Du willst weg?“, fragt Niko traurig. „Ja, ich will endlich wieder frischen Wind auf meiner Haut spüren“, sagt Hauke Haken und erhebt sich in die Luft. „666 Jahre in einer muffigen Flasche eingesperrt zu sein ist wirklich verdammt schwer für jemanden, der die Weltmeere umsegelt hat.“

Auf einmal ist das ganze Zimmer
von blauem Nebel erfüllt,
der dichter und dichter wird.
Ein Wirbelsturm fegt Bücher,
Stifte und Spielsachen in die Luft.
Es knallt und plötzlich
steht ein Pirat aus Fleisch und
Blut vor Niko.
Er schwingt seinen schwarzen
Hut und verbeugt sich tief.
„Ich bitte dich, mich aus deinen
Diensten zu entlassen!“,
sagt Hauke Haken so ernst,
dass Niko grinsen muss.
„Du sollst in Freiheit leben“,
antwortet Niko feierlich.

Hauke Haken lacht laut
und tief, schwingt sich
über das Fenstersims,
landet mit einem
eleganten Sprung im Garten
und läuft über den Rasen.
Bevor er durch das Tor
verschwindet, dreht er sich
noch einmal zu Niko um
und zwinkert ihm zu.
„Ahoi!“, ruft Niko.
Und auf einmal
fühlt auch er sich
ganz frei und leicht.
„Gute Fahrt!“

Weitere Schulausgaben, die den Schulalltag leichter machen:

„Ein Rucksack voller Glück“
Ein Bilderbuch zum Thema: Glücklich sein
Julia Volmert (Text), Elke Broska (Illustration)
48 Seiten, Broschur DIN A5, 14,8 x 21 cm

ISBN: 978-3-86559-090-9

Alle unter:
www.albarello.de

„Hausaufgaben? Mit Frau Ulkig kein Problem“
Annette Neubauer (Text),
Mirella Fortunato (Illustration)
56 Seiten, Broschur DIN A5, 14,8 x 21 cm

ISBN: 978-3-86559-106-7

Grundschulausgabe
ISBN 978-3-86559-107-4

Printed in Germany

Mehr über unser Programm finden Sie unter:
www.albarello.de